NOTE

SUR

Le Premier Bataillon

DES

Volontaires de l'Allier

PAR

Pierre FLAMENT

ARCHIVISTE DE L'ALLIER

Extrait du « Bulletin de la Société d'Émulation du Bourbonnais ».

MOULINS

IMPRIMERIE ÉTIENNE AUCLAIRE

1904

NOTE

SUR LE

1ᵉʳ Bataillon des Volontaires de l'Allier

(1791-1792)

NOTE

SUR

Le Premier Bataillon

DES

Volontaires de l'Allier

PAR

Pierre **FLAMENT**

ARCHIVISTE DE L'ALLIER

MOULINS

IMPRIMERIE ÉTIENNE AUCLAIRE

1904

NOTE

SUR LE

1er Bataillon des Volontaires de l'Allier

(1791 - 1792)

A fuite de Louis XVI, son arrestation à Varennes, son retour à Paris sous l'inquiétante escorte des citoyens en armes, déterminèrent l'Europe, indécise jusqu'alors, hostile même à une intervention brutale contre la France révolutionnaire : la guerre devint à ses yeux le châtiment nécessaire. La Révolution elle-même, grisée depuis tant de mois de sa liberté triomphante, héritière au surplus des sentiments anti-autrichiens de la France monarchique (1), brûlait du désir d'utiliser ces fusils et ces piques qu'elle livrait aux mains populaires ; le 29 septembre 1791, l'Assemblée nationale décréta que tous les citoyens actifs devaient souscrire pour le service de la garde nationale organisée par district et par canton, et, sous le drapeau aux trois couleurs, vêtus de l'habit bleu de roi, de la veste et de la culotte blanches, les bataillons, déjà formés un peu partout, se groupèrent en légions, méthodiquement.

Le département de l'Allier fournit un bataillon qui eut probablement l'effectif normal de sept à huit cents hommes. Logé d'abord chez l'habitant il occupa, au début de novembre 1791, les casernes que venait de quitter le 23e régiment de cavalerie, ci-devant Royal-Guyenne. C'est dans l'ancien couvent des Capucins qu'il faisait l'exercice (2).

---

(1) SÉGUR (Louis-Philippe, c^{te} DE), *Politique des cabinets de l'Europe*, 1824. I, p. XIX-XXIV.

(2) Premier registre des délibérations de la commune de Moulins. Arch. de la ville de Moulins, D¹3, fol. 102-106.

Son séjour à Moulins fut de peu de durée : le 15 novembre, en effet, se présentaient, devant le Conseil général du département, les officiers élus par les volontaires. L'ordre de départ avait été donné et ils venaient dire aux administrateurs « avec quelle satisfaction, avec quel généreux désir de deffendre vigoureusement la cause de la liberté, la garde nationale de l'Allier voloit sur les frontières » (1). Le lendemain matin le bataillon franchit la porte de Paris et s'engagea sur la route, vers le nord, un instant arrêté par six membres du Conseil, qui vinrent lui porter leurs encouragements ; c'est là que Dalphonse (2) prononça le discours suivant, puisé aux sources de l'éloquence contemporaine :

« FRÈRES ET AMIS,

« Ce n'est pas pour vous exprimer des regrets que les corps administratifs et nos concitoyens nous députent vers vous ; des regrets n'appartiennent qu'à des âmes faibles et timides. Des sentimens plus élevés, plus dignes de vous les dirigent : c'est pour contracter avec vous une alliance nouvelle et plus étroite en jurant que, la constitution que vous allés défendre par la puissance des armes, ils la maintiendront par la puissance des lois.

« Il est donc vrai qu'elle a des ennemis cette constitution ? Et pourquoi ? Parce qu'elle renverse de pernicieux abus, qu'elle détruit des préjugés honteux et barbares, qu'elle rend à l'homme tous ses droits, qu'elle le replace au niveau de sa véritable grandeur, et qu'elle brise le sceptre des tirans. Qu'ils s'agitent, nos orgueilleux esclaves, pour conserver leurs chaines, mais qu'ils les traînent sur une terre étrangère, et qu'ils renoncent au criminel projet de nous enchaîner avec eux ; nous avons conquis notre liberté, et, s'il le faut, nous périrons avec elle. Leur appareil menaçant n'a rien qui nous effraye ; ignorent-ils que les François furent des héros en combatant (*sic*) pour le despotisme ? Ils seront des dieux en combatant pour la liberté.

« Voilà, braves guerriers, ce que la Patrie attend de vous ! Sa destinée, celle de l'univers entier peut-être repose entre vos mains. Jamais, non jamais, le chemin ne fut marqué par des chefs plus propres à inspirer de la confiance, puisque c'est le mérite seul et votre choix qui vous les a donnés.

« Courage donc, frères et amis ! Quoique séparés par les distances,

(1) Premier registre des délibérations du Conseil général du département. Arch. de l'Allier, L. 54, fol. 48.

(2) François-Jean-Baptiste Dalphonse, né à Bonny en 1756, mourut sans postérité en 1821 après avoir été créé baron de l'Empire par lettres du

nous serons toujours avec vous par notre affection et par nos vœux ;
au milieu des combats, nous combatrons (*sic*) à vos côtés, et c'est à nous
que la Victoire réserve ses lauriers, pour que nous soions les premiers à couronner votre valeur. Mais, s'il arrivait qu'un destin aveu-
gle et funeste trompât notre espoir, souvenés-vous que nous n'avons
tous qu'un même serment : *Vivre libres ou mourir !* Souvenés-vous
que votre dernier soupir doit être un soupir pour la liberté ; souvenés-
vous qu'il suffira pour ranimer vos cendres et en faire sortir des
millions d'hommes qui sauront ou vous venger avec éclat, ou, comme
vous, périr avec honneur. Maintenant, pour les François, le sommeil
de la mort est plus doux que l'esclavage.

« Partés, amis et frères, partés ! Nous ne pouvons vous serrer tous
dans nos bras, mais les embrassemens que nous donnons à vos chefs,
ils sont pour eux, ils sont pour vous ; que le souvenir en reste éter-
nellement au fond de vos âmes ; qu'il les transporte de courage, et
qu'il soit le présage de votre gloire, comme ils sont les témoignages
de notre amour (1). »

Lorsque Dalphonse, à la séance qui se tint le même jour, à neuf
heures de la matinée, rendit compte de sa mission, le Conseil, conquis
par « la dignité, le civisme, l'enthousiasme » de ce morceau de bravoure, décréta qu'il serait donné à l'impression, et, dirions-nous
aujourd'hui, en vota l'affichage, c'est-à-dire qu'il voulut que toutes
les communes du département le conservassent dans leurs archives.

Les volontaires avaient placé à leur tête, avec le grade de lieutenant-colonel, le descendant d'une famille assez ancienne du Bourbonnais, établie à Moulins depuis plus d'un siècle et demi, Trochereau
de Rancy (2). Celui-ci, pour des motifs qui ne nous sont point parvenus, mit quelque temps avant de rejoindre à l'armée ses frères

9 mars 1810 et avoir reçu les armoiries suivantes : *losangé d'argent et d'azur ;
au franc-quartier des barons préfets.* Il fut successivement : avocat, sous
l'ancien régime, président de l'administration départementale de l'Allier en
1794, député au Conseil des Anciens sous le Directoire, au Corps législatif
pendant le Consulat, préfet de l'Indre, du Gard, etc., conseiller d'Etat, député
encore sous la Restauration (1819) jusqu'à sa mort, au château de Beaumont
qu'il possédait à Agonges.

Voir sur lui : C. GRÉGOIRE, *Le baron d'Alphonse*, dans : *Bulletin de la
Société d'Émulation du Bourbonnais*, année 1897.

(1) Arch. de l'Allier, L. 54, fol. 49.

(2) Michel de Bellecour était lieutenant-colonel en second. Arch. de Moulins, D¹3, fol. 102 v°. Le Trochereau dont il est ici question, est-il le même
que celui qui devint général sous la République et mourut à Hauterive, près
Vichy ?

d'armes de l'Allier et le Conseil général dut, à plusieurs reprises, insister, en référer même au ministre de la guerre, dans le dessein « d'attirer sur lui la juste sévérité des lois » (1). Le bataillon reçut alors l'autorisation de pourvoir au remplacement de son chef, ce qu'il n'eut vraisemblablement point à faire, car nous retrouverons plus tard Trochereau à son poste.

La guerre fut déclarée à l'Autriche le 20 avril 1792 et débuta immédiatement par des escarmouches sur la frontière du nord. Les premiers combats furent malheureux ; les Autrichiens s'emparèrent de Quiévrain et personne en Europe ne douta que Paris ne dût bientôt être occupé. L'armée prussienne mit plus longtemps à se mouvoir ; massée sur le Rhin, elle n'entra qu'au mois d'août en campagne. Les troupes françaises étaient réparties, sur les frontières, en quatre armées : du nord, sous le commandement de La Fayette ; du centre, sous Luckner ; du Rhin, sous Biron ; du midi, sous Montesquiou.

Le bataillon de l'Allier, après avoir pris à Epernay ses quartiers d'hiver, fit d'abord partie de l'armée de La Fayette, puis, en août, de celle de Luckner. Au milieu de ce dernier mois, il entra dans Verdun que Beaurepaire, tant bien que mal et à la hâte, fortifiait depuis que Longwy s'était rendu (23 août). C'est à Verdun que, pour la première fois depuis son départ, il se signala et fit quelque bruit ; mais, en dépit de la lettre de félicitations que leur adressait, à la fin d'août, le Conseil général, les volontaires de l'Allier ternirent là leur gloire naissante à peine.

Tous les historiens, cependant, sont d'accord pour reconnaître les qualités de ces bataillons de 1791, formés de ce que la jeunesse de France, enfiévrée d'enthousiasme et d'indépendance patriotiques, comptait de meilleur et de plus pur (2). Il ne faut pas les confondre, dit M. A. Chuquet (3), l'historien des guerres de la Révolution, avec les volontaires de 1792, qui s'enrôlèrent quand le décret du 11 juillet déclara la patrie en danger. Ces derniers, sans cohésion, sans force morale, indisciplinés, séduits par la solde de 15 sous par jour qu'on leur allouait, n'étaient, au dire du général Biron (4), que des gens

(1) Séance du 22 août 1792.

(2) Les forces militaires de la France comprenaient, en 1791 et 1792, les troupes de ligne et les volontaires. Ceux-ci formaient un élément dont on ignorait la valeur au commencement de la guerre ; non sélectionnés, libres de se retirer après chaque campagne, de s'absenter pour affaires urgentes, on n'espérait guère les voir résister seuls aux vieilles troupes de l'armée prussienne admirées de toute l'Europe.

(3) *La première invasion prussienne*, Paris, in-12, p. 70.

(4) Armand de Gontaut, duc de Biron, parut, de 1791 à 1793 sur tous les

achetés par les communes et la plupart sans aveu. Au contraire, les troupes levées en 1791, lors des premiers engagements volontaires, ne se départirent que rarement de l'énergie et de l'entrain que leur reconnurent Gouvion-Saint-Cyr, Kellermann, Gay de Vernon ; c'est de là, dira Foy, que sont venus presque tous les généraux célèbres dont la France s'honore.

D'ailleurs, on ne les laissait pas à leurs seules forces ; ces soldats de quelques mois étaient, bien avant l'*amalgame* pratiqué en 1793 par Dubois-Crancé, toujours soutenus par des troupes régulières. On forma des brigades composées de deux bataillons de volontaires et d'un régiment de ligne au centre dont le colonel commandait la brigade entière. Pendant la campagne de 1792, le 1er bataillon de l'Aisne et le 3e de Paris furent joints au 43e d'infanterie ; le 1er de la Marne et le 1er de la Sarthe au 55e ; le 1er de l'Allier et le 1er de la Charente au 29e, etc. (1). Entre les jeunes soldats, *patriotes* ombrageux, et les vieux régiments fleurant encore l'ancien régime, s'éleva l'émulation qui les conduisit à la victoire. Les Prussiens eux-mêmes, d'abord dédaigneux, durent bientôt reconnaître que l'ennemi qu'ils avaient espéré culbuter dans une marche rapide sur Paris, manœuvrait, comme eux, avec ensemble, et, en bravoure, ne le cédait à personne.

Il est besoin de dire ces choses, qui excusent quelques défaillances et « les cas extrêmement rares » où ces premières armées de la République se trouvèrent « victimes de l'inexpérience » (2). L'épisode de Verdun fut précisément la preuve que, malgré l'excellent esprit qui les anime, des troupes novices peuvent, par instants, céder à la plus inexplicable panique, et, trahissant la confiance qu'avait fait naître leur ardeur, se livrer à ces funestes entraînements qui dispersent et anéantissent les armées.

Dans la deuxième semaine de septembre 1792, le bruit se répandit tout à coup à Moulins que le bataillon dont tous les citoyens avaient salué le départ par la voix de Dalphonse, s'était débandé à la suite de la reddition honteuse de Verdun ! Le 11, à quatre heures de l'après-midi, furent introduits, dans la salle des séances du Conseil général du département, «porteurs de routes à eux données à Chaalons pour se rendre en cette ville de Moulins, ou dans les autres endroits

points où la France était menacée. Il fut condamné à mort et exécuté au début de 1794.

(1) Sur l'état de l'armée française, Cf. CHUQUET, *op. cit.*, p. 24 et suiv.
(2) MINUTOLI, *Erinnerungen*, cité par Chuquet, *op. cit.*, p. 78.

de leur naissance situés en ce département » (1), plusieurs volontaires dudit bataillon.

Cet événement se produisit alors que les administrateurs s'efforçaient de créer un second bataillon de volontaires et de satisfaire en outre aux réquisitions que Biron, commandant l'armée du Rhin, était autorisé à prélever sur le département en hommes et en chevaux. Le second bataillon se formait péniblement, il est vrai, mais le Conseil ne s'apercevait pas encore du peu d'empressement de la population ; il s'efforçait de réveiller dans la jeunesse l'ardeur de l'année précédente, et les proclamations qu'il faisait lire témoignaient de la confiance qu'il conservait en son patriotisme (2). Le 1ᵉʳ septembre, il arrêtait que, le lendemain, la garde nationale de Moulins prendrait les armes devant lui et que le Directoire du district, ainsi que la municipalité, viendraient également « exciter par leur présence » les citoyens à s'inscrire ou à remettre au bataillon en formation « leurs

(1) Arch. de l'Allier, L. 54, fol. 142.

(2) « Adresse aux citoyens pour la formation d'un second bataillon dans le département de l'Allier.

   « Citoyens !

« Vos administrateurs, convaincus de votre courage et de votre patriotisme sont assurés qu'il sufira (sic) de vous dire que, d'après la loi du 27 mai, ils ont arrêté la formation d'un second bataillon dans ce département, pour vous voir accourir de tous les points et le former au jour indiqué.

« Le danger de la patrie est, sans doute, un grand véhicule, mais en vain emploieroit-on les loix, si cette patrie étoit encore sous la domination d'un despote. C'est dans le moment où la Nation a repris les droits et sa souvraineté (sic), lorsque des tyrans coalisés veulent, par des efforts impuissants, lui imposer de nouveau le joug de l'esclavage dont elle a sçu briser les liens, que l'honneur et vos intérêts vous appellent à la défense des droits que vous avés conquis, au soutien de votre liberté et de l'égalité que vous avez juré de maintenir ou de mourir en les défendant. Citoyens, volez à la victoire ! Imitez vos frères d'armes qui vous ont précédés ; déja la renommée publie leur valeur et leur intrépidité ; déja, ils ont montré à l'ennemi la fierté de leur courage ; déja, ils l'ont mis en fuite et lui ont prouvé que le soldat-citoyen qui défend sa patrie est bien supérieur au soldat mercenaire qui sacrifie son sang à l'or des tyrans. L'exemple de la liberté des François se propage dans l'Europe entière ; les soldats de ses despotes réunis abandonent le drapeau de la tyrannie et viennent en foule se ranger sous ceux de la liberté, jouir avec nous des avantages que leur accorde une nation libre et généreuse. Bientôt, l'armée françoise ne sera composée que de soldats patriotes et libres, et n'aura à combattre qu'une armée d'officiers, esclaves et vils serviteurs des tyrans dont ils ont mendié la protection.

« Levez-vous donc, ô François ! L'âge, l'état, ne peuvent l'emporter sur la gloire de défendre sa patrie, cette patrie bienfaisante qui promet et assure aux veuves et aux enfants de ceux qui périroient en la servant secours et

fusils et même leurs habits ». On travaillait, au Conseil, avec fièvre, on s'ingéniait à trouver de l'argent pour acheter des équipements et des armes ; des patriotes offraient volontairement des subsides ; on recevait la nouvelle que deux dépôts de remonte allaient être créés à Saint-Pourçain et à Vichy (1). Romme et Soubrany venaient inspecter la manufacture d'armes.

C'est au milieu de ces patriotiques occupations qu'arriva, écrite à Châlons le 5 septembre, une lettre de Trochereau — qui sans doute avait enfin rallié — annonçant la dispersion désordonnée de son bataillon et le rôle que ce dernier avait joué — ou plutôt qu'il n'avait point joué — dans la trop courte défense de Verdun ; le même courrier apporta un certificat de Luckner confirmatif de la débandade. Le 10, le Directoire du département prit un arrêté portant que, dans les vingt-quatre heures après sa publication, les volontaires déserteurs devraient rejoindre leur corps, qu'ils recevraient trois sous par lieue jusqu'au point de rassemblement et que, en cas de désobéissance de leur part, les municipalités, gardes nationaux et gendarmes, s'assureraient de leurs personnes et, de brigade en brigade, les feraient conduire à destination.

Les volontaires n'acceptèrent pas cette décision et cherchèrent un appui près des administrateurs du Directoire du district de Moulins ; accompagnés de deux d'entre eux, ils se présentèrent donc, dès le

protection, cette patrie enfin qui, après avoir conquis sa liberté, a juré de la maintenir et de ne reconnaître d'autre souvrain (*sic*) que l'égalité appuyée sur des lois sages.

« Plusieurs moyens vous sont offerts pour satisfaire la juste ardeur qui vous anime : contribuez à la formation du deuxième bataillon que nous vous engageons à former, offrez-vous volontairement pour la formation du bataillon que nous requiert de fournir le général de l'armée du Rhin et pour lequel nous avons fixé le contingent de chacun des districts de ce département ; ou enfin, portés-vous sur les bords du Rhin, en face de nos ennemis, et portés-vous y, soit avec un cheval propre pour la cavalerie, avec les armes et bagages nécessaires pour ce genre de troupes, comme M. Biron, général de l'armée du Rhin, nous charge de vous y engager, soit même sans armes ni chevaux, si vous n'en avez point : dans ce dernier cas, la Nation vous en fournira.

« Voilà, citoyens, ce que vos administrateurs ont cru devoir vous dire dans le moment où l'égalité vient de s'asseoir à côté de la liberté. Réunissez vos forces pour repousser les méchans qui tenteroient de s'opposer à cette union, d'où dépend le bonheur de la Nation. »

Séance du Conseil du 19 août. Arch. de l'Allier, *ibid.*, fol. 114 v° et 115.

Cf. aussi, dans le même ordre d'idées, la circulaire du 5 septembre. Arch. de l'Allier, L. 42.

(1) Arch. de l'Allier, L. 54, fol. 131-132.

lendemain 11, devant le Conseil, en réclamant la suspension de l'arrêté. Les plus habiles prirent la parole et cherchèrent à excuser leur départ de l'armée, où, dirent-ils, tout, jusqu'aux vêtements, leur faisait défaut. Le Conseil, persistant dans sa résolution, leva sur-le-champ la séance ; il ne demeurait plus dans la salle que les membres du Directoire du département, lorsque quatre administrateurs du district de Moulins, dont les deux précédents, suivis de nombreux volontaires du 1er bataillon, vinrent de nouveau réclamer la suspension de l'arrêté du 10. Les intéressés furent une seconde fois entendus, et, sans doute, l'ardent désir qu'ils avaient de rester au sein de leur famille donna à leur éloquence le ton persuasif qui lui avait tout d'abord fait défaut : toujours est-il qu'après avis du procureur général syndic, il fut décidé que « dans une affaire aussi grave et aussi majeure le concours des trois corps administratifs de cette ville paroissoit de toute nécessité pour prendre un party décisif ».

Le lendemain matin, les trois corps administratifs, c'est-à-dire le Département, le District de Moulins et la municipalité, se trouvèrent réunis à neuf heures pour reprendre la discussion. Les certificats que portaient les volontaires furent examinés : on ne trouva entre eux aucune homogénéité et cette constatation engendra la méfiance. Mais, d'autre part, le général Luckner semblait bien avoir autorisé le départ d'une portion du bataillon. Enfin, on ignorait si, à la suite de la capitulation de Verdun, la garnison ne s'était point engagée à ne plus combattre pendant un temps plus ou moins long. Par suite de la difficulté qu'ils éprouvaient à pénétrer la vérité, les administrateurs ne voulurent pas fléchir devant l'insistance des volontaires, qui semblaient coupables, mais sans évidence, et dont, quoi qu'il en fût, la conduite s'expliquait mal. En tout état de cause, la capitulation de Verdun révoltait leur patriotisme, et il ne pardonnait pas à leurs jeunes concitoyens d'avoir abandonné à l'ennemi des murailles que son artillerie n'avait point réduites en poussière.

Après une longue discussion où chacun, par des arguments divers, rendit de semblables avis, les trois corps décidèrent (1) :

« 1° Que l'arrêté du Directoire du département de l'Allier relatif aux officiers, sous-officiers et volontaires du bataillon de l'Allier retournés en ce département aura sa pleine et entière exécution ; qu'en conséquence ils seront tous tenus de s'y conformer, comme il est dit en iceluy, dans le délai de 24 heures, à compter de l'instant où il aura été publié et affiché, pendant lequel délai, le Directoire du

____

(1) Séance du 12. Arch. de l'Allier, *ibid.*, fol. 143 v° et suiv.

district de Moulins s'occupera à pourvoir ceux des mêmes volontaires qui sont actuellement en cette ville des choses qui leur sont indispensablement nécessaires pour retourner au bataillon qu'ils ont quitté.

« 2° Que dénonciation sera faite au corps législatif et au pouvoir exécutif provisoire de la conduite tenue par les chefs du même bataillon relativement à la reddition de la ville de Verdun, avec les plus vives et les plus pressantes sollicitations, pour qu'après de mures et exactes instructions prise *(sic)* sur une affaire aussi capitale partout où il sera possible, et principalement sur les lieux, le département de l'Allier soit entièrement vengé par un jugement éclatant et sévère que l'interest de la chose publique commande impérieusement.

« 3° Qu'étant, outre cela, de la dernière importance, pour le département de l'Allier, que ses administrateurs puissent ultérieurement fixer leur opinion et prendre des mesures certaines et définitives, il seroit pris à l'instant un commissaire dans chacun des trois corps réunis ; que ces trois commissaires partiront aussitôt pour la ville de Chaalons, à l'effet d'y prendre, par eux-mêmes, et partout où besoin sera, tous les éclaircissemens nécessaires sur les événemens actuels qui ont raport au bataillon de l'Allier, soit auprès de la partie de ce même bataillon qui est resté *(sic)* à ses drapeaux, soit auprès du général Lucner, soit enfin près l'administration du département de la Marne, et, s'il est besoin, près du District et de la municipalité de Chaalons, qui ont délivré les différentes routes raportées par les volontaires, lesquels *(sic)* routes et autres pièces seront remises entre les mains des commissaires pour leur servir de renseignement et seront par eux ensuite raportées au Département pour servir et valoir ce que de raison. »

Le département choisit pour commissaire, M. Deléage (1) ; le district, M. Perrotin (2), son procureur syndic ; la municipalité, M. Saint-Quentin des Mures (3).

MM. Dalphonse, Rouyer et Deschaises furent chargés de la rédaction d'un mémoire qui tracerait aux trois délégués leur ligne de conduite exacte. Le soir même ils l'avaient terminé et en firent lecture à la séance que tinrent, à quatre heures de l'après-midi, les trois corps réunis. En voici les dispositions (4) :

(1) Ancien lieutenant des eaux et forèts.

(2) Ancien conseiller au présidial de Moulins et président trésorier de France au bureau des finances de la généralité de Moulins.

(3) Sur la famille Saint-Quentin, voir : P. TIERSONNIER, *Petit coup de grands usuriers* (1778-1790), dans : *Bulletin de la Société d'Emulation du Bourbonnais*, année 1901.

(4) Arch. de l'Allier, L. 54, fol. 146 et 147.

Art. 1

« Les commissaires se rendront dans le plus bref délai à Chaalons, ou dans tous autres lieux que nécessitera la mission qu'ils ont à remplir ;

Art. 2

« Leur première démarche sera de se présenter au général Lukner ou au chef qui le remplacera en cas d'absence, à l'effet de lui exprimer avec énergie la douleur dont le département entier a été pénétrée *(sic)* en apprenant la deffection d'une partie du bataillon de l'Allier en garnison à Verdun, et le regret qu'il a ressenti, lorsqu'il a eu connoissance de la reddition de cette ville sans que le bataillon eu put *(sic)* développer son courage et s'ensevelir sous les ruines de la citadelle ;

Art. 3

« Ils remettront au général ampliation de l'arrêté pris [par] le Directoire de département en sa séance du 10 septembre, présent mois, contre les volontaires qui ont abandonné leur drapeau, ainsi qu'une ampliation de celui pris par les trois corps administratifs réunis à la séance de ce jour, avec invitation de les faire connoître à l'armée qu'il commande ;

Art 4

« Ils demanderont au général copie authentique de la capitulation de Verdun, et, dans le cas où elle ne désigneroit pas le nom des officiers du bataillon de l'Allier qui ont assisté au conseil de guerre (1) et consentis *(sic)* à la reddition de la place, ils s'informeront du général, ou de toutes autres personnes, si les officiers du bataillon de l'Allier y ont eu quelques parts directes ou indirectes, et quels sont ces officiers ;

Art. 5

« Ils s'informeront également auprès du général, ou de tous autres, des causes de la deffection d'une partie du bataillon ;

Art. 6

« Ils demanderont l'ordre au général pour faire rassembler tous ceux qui sont restés fidels à leur drapeau, afin de leur témoigner, au nom des corps administratifs et des citoyens, la satisfaction que leur a inspiré leur fidélité ;

Art. 7

« Ils demanderont au général Luckner s'il a permis aux volontaires

______

(1) Trochereau faisait partie du conseil défensif, qui, le 2 septembre 1792 décida la reddition de Verdun.

du bataillon de l'Allier de se retirer dans leurs foyers, et, dans ce cas, quels en ont été les motifs, lorsque les loix et l'honneur leur faisoient un devoir de rester à leur poste et de mourir sous leur drapeau ;

ART. 8

« Ils s'informeront du District de Châlon *(sic)* et autres, s'il a donné, et pourquoy, des certificats de routes à quelques volontaires du bataillon de l'Allier ;

ART. 9

« Les commissaires sont expressément chargés de désavouer, aux noms de tous les citoyens du département de l'Allier, auprès du général Lukner, de l'armée et de tous les corps administratifs avec lesquels ils pourront conférer, toutes actions de la part des officiers ou des volontaires du bataillon, qui seroient contraire *(sic)* à l'honneur et à la ferme résolution où ils sont de mourir, s'il le faut, pour le maintien de la liberté et de l'égalité ;

ART. 10

« Il est laissé, au surplus, à la prudence des commissaires, toutes mesures non prévues pour l'exécution de la mission qui leur est confiée. »

Le lendemain 13, les commissaires se mirent en route.

Les Prussiens étaient en France depuis près d'un mois ; le 19 août, ils avaient franchi la frontière à Redange (1), refoulé les avant-postes français et culbuté, à Fontoy (2), les escadrons de Deprez de Crassier, qui éclairaient Luckner. Le 20, Brunswick investissait Longwy, et, le 23, pressé par la municipalité, troublé par la nouvelle de la défection de La Fayette, qui, le 19 précisément, avait abandonné l'armée du Nord et passé la frontière avec son état-major, le commandant de la place, Lavergne de Champlorier, était réduit à capituler ; le 29, Brunswick marchait sur Verdun.

Le bataillon de l'Allier était dans la ville depuis la mi-août. Il est assez difficile d'indiquer la date avec quelque précision ; d'après une lettre, écrite le 2 à La Fayette par le général Galbaud qui devait, dix jours plus tard, remettre la défense à Beaurepaire, nos volontaires n'étaient pas alors compris dans la garnison de Verdun. D'autre part, une lettre des commissaires de la Marne, envoyée, le 13, au Conseil général de ce département, compte, dans une énumération des forces

(1) Meurthe-et-Moselle, arr^t de Briey, canton de Longwy.
(2) Meurthe-et-Moselle, arr^t de Briey, canton d'Audun-le-Roman.

de la ville, « 556 hommes du bataillon de l'Allier, dont 60 hommes de recrue » (1), lettre très affirmative, mais qui semble néanmoins contredite par une autre, envoyée du camp sous Sedan, le 16 août, et que le *Bulletin de la Société d'Émulation du Bourbonnais,* a publiée (2), sans indication de source, il est vrai ; la lecture de cette lettre conduirait à supposer qu'elle fut écrite par le bataillon de l'Allier, pour protester contre l'arrestation par La Fayette des trois commissaires de l'Assemblée, Antonelle, Kersaint et Péraldi, si la lettre du 13, citée plus haut, n'y faisait opposition. Il faut peut-être supposer que, parvenu à Verdun et y ayant appris la brusque décision prise par le commandant de l'armée du Nord, le bataillon ait néanmoins voulu approuver le blâme qu'une partie de cette armée infligeait à son chef, et, de Verdun, lui ait envoyé son adhésion. Quoi qu'il en fût, la garnison comprenait à la fin d'août, outre notre bataillon : les dépôts du 92ᵉ de ligne, du 9ᵉ chasseurs, du 2ᵉ dragons et du 1ᵉʳ bataillon de Seine-et-Marne ; les détachements de volontaires du 1ᵉʳ et du 2ᵉ de la Marne, du 5ᵉ de la Meurthe, du 2ᵉ de la Meuse et du 3ᵉ de Paris ; trois bataillons de volontaires : le 1ᵉʳ de Mayenne-et-Loire, que commandaient Lemoine et Beaurepaire, le 1ᵉʳ de la Charente-Inférieure et le 1ᵉʳ d'Eure-et-Loir, soit environ 4.000 hommes, auxquels il faut ajouter les gardes nationales de Verdun et des environs. La ville devait être défendue par Galbaud, mais ce dernier, se voyant dans l'impossibilité de résister dans une place dont l'enceinte était inachevée, l'artillerie dérisoire, l'arsenal mal pourvu, pria La Fayette de lui enlever le commandement, déclarant qu'il irait jusqu'à donner sa démission et entrerait comme simple soldat dans un bataillon de volontaires. Il partit le 12 août et Beaurepaire lui succéda. On sait quelle fut la fin de ce malheureux : entre une population effrayée par le bombardement et une garnison sans énergie, sur laquelle il ne comptait guère, Beaurepaire, après deux sommations de Brunswick, à l'issue d'une délibération du conseil de défense où il fut seul, avec Marceau, lieutenant-colonel du bataillon d'Eure-et-Loir, et Lemoine, à vouloir résister encore, se fit sauter la cervelle dans sa chambre, le 2 septembre au matin. Le jour même, Marceau porta au camp prussien l'acte de capitulation de Verdun.

Les habitants, et les troupes davantage encore, doivent supporter devant l'histoire la responsabilité de la reddition. Les volontaires de

(1) Je dois ce renseignement, et quelques autres sur Verdun, à l'obligeance de M. Pionnier, professeur au collège de cette ville.
(2) Juillet 1893.

l'Allier ne se conduisirent, en cette circonstance, ni mieux ni plus mal que leurs camarades : ils se rendirent sans avoir combattu. Une seule sortie avait été tentée, dans le but de joindre Galbaud, qui, par ordre de Dumouriez, cherchait à introduire des renforts dans la place et arrivait, à l'ouest, par la route de Varennes : des détachements des grenadiers de la garde citoyenne de Verdun, de la compagnie des grenadiers de Mayenne-et-Loire, de cent autres hommes du même bataillon, des hommes en état de marcher dans les dépôts du 2ᵉ dragons et du 9ᵉ chasseurs, et de cent volontaires de l'Allier, avec les deux pièces de campagne du bataillon de la Charente, franchirent les remparts, le 30 août, à six heures du soir, par la porte de France, traversèrent Jardin-Fontaine et Thierville, puis revinrent sans avoir tiré un seul coup de fusil.

Le 3 septembre, après la capitulation, la garnison quitta Verdun et prit la route de Châlons, sur laquelle, au delà de Clermont, Galbaud défendait le défilé des Islettes. Galbaud crut qu'un renfort lui arrivait ; mais, à voir cette troupe, marchant sans ordre, tirant, dit-il (1), des coups de fusil dans les arbres, jetant ses armes à terre, il fut vite désabusé. Il essaya de calmer ces soldats qui n'étaient plus que des fuyards et leur ordonna de défendre avec lui le défilé et la route : les bataillons d'Eure-et-Loir et de la Charente-Inférieure obéirent, sans empressement, mais ceux de Mayenne-et-Loire et de l'Allier persistèrent dans leur retraite sur Châlons, le dernier prétendant même qu'il devait, aux termes de la capitulation, aller jusqu'à Reims. Continuant en effet sa route, il entra, dans la soirée, à Sainte-Menehould, où ses officiers, dans une déclaration faite en présence de la municipalité, cherchèrent à dégager leur responsabilité. Voici le texte de ce document, que Galbaud inséra dans un opuscule qu'il rédigea peu après (2) :

« Déclaration des officiers du bataillon de l'Allier, faite par-devant la Municipalité de Sainte-Menehould, le 3 septembre 1792, l'an IV de la liberté.

« Ce jourd'hui 3 septembre 1792, l'an quatrième de la liberté, heure de huit du soir, sont comparus pardevant la municipalité de Sainte-Menehould, MM. les commandant et officiers du bataillon de l'Allier,

---

(1) A. GALBAUD, *Observations sur la pétition présentée à la Convention Nationale, dans sa séance du 28 octobre 1792, l'an 1 de la République, par F.-T. Galbaud, maréchal de camp, ancien commandant de Verdun* (1ᵉʳ novembre). — Paris, impr. du Cercle social (s. d.). In-8°.

(2) *Op. cit.*, p. 34 et 35.

lesquels ont déclaré que, faisant route de Verdun à Rheims, en vertu de la capitulation faite à Verdun le 2 de ce mois (1), et parvenus en ladite ville de Sainte-Menehould, plusieurs volontaires dudit bataillon ont été insultés, battus et désarmés de force, tant sur la route que dans ladite ville, par des inconnus ; ce qui les a tellement indignés qu'ils se sont décidés à quitter leurs drapeaux par bandes de quinze et vingt, malgré les représentations pressantes des chefs et officiers dont l'autorité a été totalement méconnue dans ce moment de fermentation, et qu'il en est résulté la dissolution de plus de la moitié du bataillon et de quelques officiers, qui ont déclaré au commandant vouloir se retirer et continuer la route qui leur étoit indiquée aux termes de ladite capitulation. Ceux qui sont restés fidèles à leurs drapeaux ont représenté au commandant que, ne pouvant plus tenir aux insultes soutenues qu'ils éprouvoient, ils étoient déterminés à en tirer vengeance, si on ne les faisoit partir de suite ; ce à quoi les commandant et officiers ont cru pouvoir se refuser, et ont été forcés, après avoir attendu M. le général jusqu'à huit heures du soir (2), raison pour laquelle ils ont fait la présente déclaration devant MM. les officiers municipaux, pour leur servir et valoir que de raison, et ont demandé expédition. Et ont, lesdits commandant et officiers présens, signé.

« *(Signé :)* Torchereau *(sic)*, commandant du bataillon ; Michel Georgeon ; Arlaud ; Jardillon ; Cavier l'aîné ; Colin ; Chaumijoux ; Allemand ; Berton ; Graubelet ; Reguer ; La Garenne (3).

« Et nous, officiers municipaux, en recevant la déclaration ci-dessus, DÉCLARONS N'AVOIR AUCUNE CONNOISSANCE DES FAITS CY ÉNONCÉS. *(Signé :)* Farcy ; Toublanc ; Jossin ; Bourgeois ; Pellerin ; et Le Gay, procureur de la commune.

« *Pour copie conforme à la minute restée au secrétariat de la commune (signé) :* Puvou, secrétaire-adjoint. »

(1) Galbaud observe ici que cette assertion est fausse, la capitulation laissant la garnison absolument maîtresse d'aller où bon lui semblerait.

(2) Note de Galbaud : « J'étois allé visiter les postes de la côte de Biesme. Si le bataillon fût resté au sien, il n'auroit point été insulté par des inconnus sur la route, ni à Sainte-Menehould. Si ces insultes sont véritables, il ne doit les attribuer qu'à l'indignation qu'on avoit de sa désobéissance à mes ordres, sur-tout lorsqu'il s'agissoit de garder un poste que l'ennemi pouvoit venir attaquer. »

(3) La plupart de ces noms sont vraisemblablement mal orthographiés. M. Tiersonnier propose : Artaud pour Arlaud ; Cavy pour Cavier ; Chaumejean pour Chaumijoux.

Galbaud, dans ses *Observations*, prend franchement partié contre la garnison de Verdun, qu'il accuse d'avoir pillé les magasins avant de partir, et même d'avoir pris de l'argent en espèces. Calomnie ou simplement erreur, cette dernière accusation paraît manquer de fondement ; les troupes emportèrent bien de l'argent, mais cet argent leur fut remis officiellement, pour ainsi dire, comme en témoigne la dernière délibération du registre du conseil défensif : « du même jour, 2 septembre 1792, le conseil arrête que, d'après les mandats du commissaire des guerres, il sera remis aux différents corps. pour leur subsistance, les sommes en numéraire dont le détail suit : au bataillon de l'Allier, trente-un mille sept sent soixante livres... » (1).

Il faut encore citer, sur notre bataillon, l'opinion du général La Morlière, qui le vit à Moulins avant son départ et y constata son indiscipline ; n'oublions pas, toutefois, qu'à ce moment, il était composé de jeunes gens à peine dignes du nom de soldats par suite de leur courte présence sous les drapeaux ; et même, plus tard, à Verdun, s'il avait acquis, par plusieurs mois de service, un esprit quelque peu militaire, on doit reconnaître, à sa décharge, qu'il n'avait pas encore eu l'occasion de combattre, — ce qui est une explication, non une excuse, de sa conduite.

Peut-être la vérité sur l'affaire de Verdun a-t-elle été donnée par J.-B. Cavaignac (2), dans le rapport qu'il rédigea longtemps après, au nom du comité de sûreté générale, et que fit imprimer la Convention (3) : la garnison ne manqua, dit-il en substance, ni de bonne volonté ni de courage ; le pouvoir exécutif et La Fayette sont seuls responsables de n'avoir pas su mieux organiser la défense d'une ville que les ennemis, s'ils entraient en France, devaient nécessairement investir ; « au reste, disait le rapporteur avec la sincérité sublime que plusieurs âmes de cette époque possédèrent sans effort, il faut des preuves certaines pour présenter les soldats de la liberté comme des lâches, les victoires qu'ils remportent chaque jour prouvent qu'ils ne le sont pas, et, si jamais ils ont quelques revers, c'est la faute des chefs qui les commandent ».

Les volontaires de l'Allier furent incorporés dans les troupes de Dumouriez, qui venait de prendre le commandement de l'armée du Centre. Le soudard d'avant-garde qu'était le bavarois Luckner, le

(1) Arch. de la ville de Verdun. Renseignement communiqué par M. Pionnier.

(2) Député de la Haute-Garonne à la Convention, mort en 1829, père du général Cavaignac.

(3) Archives historiques de la Guerre. Armées du Nord et du Centre.

« vieil hussard », finaud et pleurnicheur qui servait la France depuis 1763 sans savoir encore parler français (1), avait en effet été nommé par le ministre de la guerre Servan, généralissime des armées du Centre, du Nord et du Rhin, avec tous les pouvoirs apparents et sans aucune action réelle. Il résidait à Châlons, et ce fut lui qui permit aux soldats débandés de regagner leurs foyers. Le 13 septembre au matin, en compagnie de volontaires bretons, le bataillon quitta Châlons pour Sainte-Menehould. « L'ardeur de nos braves volontaires, écrivaient les commissaires de l'Assemblée Nationale au camp de Châlons,… semble redoubler à mesure qu'ils approchent de l'ennemi (2). » La gloire de Valmy allait effacer la honte de Verdun.

Cependant, les trois envoyés du département de l'Allier atteignaient les plaines de Champagne. Le 17, ils arrivaient à Châlons et se mettaient en devoir d'enquêter comme le leur ordonnaient leurs instructions. Voici le compte rendu de leur mission, tel qu'il figure dans le 1ᵉʳ registre des délibérations du Conseil général de l'Allier (3). C'est un résumé du rapport qu'ils lurent dans la séance du 29 septembre, rapport qui semble malheureusement perdu :

« Et le même jour, vingt-neuf septembre mil sept cent quatre-vingt douze, l'an 1ᵉʳ de la république françoise, 5 heures du soir, en l'assemblée publique du Conseil du département, où s'est trouvé celui du district de Moulins et le Conseil général de la commune de la même ville, les citoyens Deleage, Perrotin et Saint-Quentin des Mures, qui avoient été nommés commissaires pour se transporter à Chaalons et y prendre, auprès tant du général Lukner que de l'administration du département de la Marne, toutes les connoissances et renseigne-

---

(1) Luckner est un des derniers descendants de ces reîtres allemands que les Français avaient, jadis, si fréquemment pris à leur service. C'était un type curieux, bizarre et sympathique ; naïf dans son langage, comme dans sa conception de la guerre, il disait, après le 10 août, lorsque les Tuileries eurent été envahies et pillées : « Il fient t'arriver un crant accident à Paris ; l'ennemi qui l'est tefant nous, ché mè moque ; mais l'ennemi qui l'est terrière nous, ché mè moque pas… Le chénéral Lafayette, il a fait arrêter trois commissaires qui l'étaient fenus pour mettre le tésortre tans son armée ; nous avoir bientôt le même fisite, et nous les recevoir te même. Foilà le aide de camp de Lafayette qui mé a apporté la noufelle, et qui tira à Lafayette les ponnes tispositions te l'armée du fieux Luckner. » Ce discours, qu'il tenait à ses soldats, avec le ton bonhomme qu'il prenait avec eux, est rapporté par La Fayette dans ses *Mémoires* ; il est très connu et donne bien idée de ce qu'était l'ancien général de Frédéric II.

(2) Lettre à la commission de correspondance, 13 sept., 10 heures du matin. Arch. de la Guerre.

(3) Fol. 170 et suiv.

mens nécessaires relativement à la capitulation de Verdun et à la conduite du 1er bataillon de l'Allier qui étoient (*sic*) en cette ville lors de sa reddition, d'après les instructions qui leur avoient été donnée (*sic*) à cette fin et qui sont insérées au procès-verbal de cette présente session, ont fait raport à l'assemblée, qu'étant d'abord arrivés à Epernay, ils apprirent que le bataillon, pendant son quartier d'hiver qu'il y avoit passé, s'y étoit très-bien comporté ; que le 17 de ce mois, ils s'étoient rendus à Châalons, près le maréchal Lukner, dont ils ne reçurent que des réponses vagues, confuses et peu conformes aux questions qu'ils lui proposoient ; qu'il leur déclara seulement n'avoir point donné d'ordre pour le désarmement de nos volontaires ; que, de là, ils s'étoient rendus au camp près Chaalons, où le maréchal les avoient (*sic*) renvoyés pour y voir le bataillon de l'Allier, qu'ils n'y trouvèrent pas ;

« Que, près du Département, ils furent instruits de plusieurs faits consignés dans un écrit que les administrateurs remirent à eux commissaires, et dont lecture a été présentement faite ;

« Que, sur la plainte qu'ils firent à ces administrateurs de la facilité avec laquelle ils avoient expédiées (*sic*) des routes aux volontaires qui étoient revenus dans le département de l'Allier, il leur fut répondu que c'étoit d'après les ordres du maréchal, qui, la veille avoit cependant assuré n'en avoir pas donné (1) ; mais les mêmes ordres furent sur le champ exhibés, et l'ampliation de l'acte qui les contient, raportée par les commissaires, a été pareillement lu (*sic*) en l'assemblée.

« Les commissaires ont dit ensuite qu'ils avoient su du commissaire des guerres et au bureau de la poste que le bataillon étoit à l'armée du maréchal Dumourier (2), à Vitry-le-François, et qu'ils s'en assurèrent même à la poste par l'inscription de la feuille ;

« Qu'ayant su, par un jeune homme de l'école de l'artillerie de Chaalons, qui est de Chantelle et qui les reconnut, que deux officiers de notre bataillon étoient restés malades à Chaalons, ils étoient allés

(1) Luckner était coutumier de mensonges de ce genre ; c'est ainsi que le commissaire du pouvoir exécutif à Châlons, Choderlos de Laclos, lui demandant des explications au sujet de l'ordre qu'il avait donné portant renvoi de soldats armés, parmi lesquels, vraisemblablement, ceux de l'Allier, il se mit à pleurer, jurant « non pas une fois, mais trente qu'il n'avait jamais donné cet ordre » et offrant sa tête si on le lui montrait. Choderlos, le soir même, parvenait à le retrouver, signé de sa main, et le lui mettait sous les yeux. (Lettre de Choderlos, au ministre de la guerre, 10 septembre. Arch. de la Guerre.)

(2) Dumouriez n'était que maréchal de camp. Sous la Restauration, il fit inutilement des démarches pour être nommé maréchal de France.

les trouver, et que ces officiers leur avoient faits (*sic*) la déclaration dont lecture a été aussi présentement faite à l'assemblée (1) ;

« Que s'étant rendus, le 19 à Sainte-Menehout, où estoit le général Dumourier, ils lui furent présentés ; que lui ayant annoncé l'objet de leur mission, le général avoit loué la sollicitude et la démarche du département de l'Allier qui manifestoit sa sagesse et son patriotisme ; que ce qui les satisfit le plus dans cette conférence, ce fut la déclaration formelle que fit le général qu'il étoit très-content de notre bataillon et que la meilleure preuve qu'il pouvoit en donner, c'étoit qu'il l'avoit placé le plus près de l'ennemi ; il dit : *quant aux jeunes gens qui étoient partis, ils ont été induits en erreur ; renvoyés les moi, je les recevray et j'en ferai de braves gens ; je leur dirai ce que j'ai dit hier aux parisiens, que je ne veux, dans mon armée, ni motionnaires, ni factieux, ni jean-foutres ; s'il s'en trouve quelques-uns, je les fais raser, désarmer, leur ôte leurs habits, et les renvoye à leurs départements pour les faire punir* (2).

« Les commissaires ont dit encore qu'ils demandèrent au général son agrément pour faire assembler le bataillon ; qu'ils surent au bureau de l'état-major de l'armée qu'il étoit à la Neuville, village au nord de Sainte-Menehoud et qui en est distant d'une lieu (*sic*) et demie ; que, s'y étant acheminé le 20, jour où, dès deux heures du matin, l'ennemi commença son mouvement (3), pendant la route, ils entendirent une cannonade très-violente et des décharges de mousqueterie ; qu'arrivés au village, ils s'informèrent encore, de la municipalité, où étoit le bataillon ; qu'en ayant appris qu'il étoit en avant, vis-à-vis l'ennemi, et lui ayant demandé si, avec la charette sur laquelle ils étoient venus, il leur étoit possible de s'y rendre, la municipalité avoit répondu qu'étant obligés de prendre un long détour,

---

(1) Nous n'avons pas retrouvé ce document.

(2) Dumouriez avait coutume de prendre avec les soldats coupables le ton « d'un père qui pardonne une faute ». (Cf. A. CHUQUET, *Valmy*, p. 143.) Punissant assez rarement après une première faiblesse, il préférait faire appel au sentiment de l'honneur et au cœur du troupier dont il avait ainsi conquis l'affection.

(3) L'avant-garde prussienne avait passé la nuit à Somme-Bionne, village situé au nord-ouest de la butte de Valmy. D'après M. Chuquet (*Valmy*, p. 188) elle ne se serait mise en marche qu'entre six et sept heures du matin, par une pluie fine et pénétrante ; cette heure semble à la vérité un peu tardive. L'avant-garde de Kellermann était à très faible distance de l'avant-garde prussienne, au village de Hans, sur le Bionne ; celle de Dumouriez, plus en arrière, sur le tertre de Valmy ; le gros de l'armée française occupait les deux côtés de la route de Sainte-Menehoud à Châlons.

eux commissaires seroient exposés à être enlevés par les ennemis ;
s'ils ne pourroient pas pénétrer du moins avec des chevaux de selle
et un guide, qu'elle avoit trouvé même impossibilité de pénétrer jusqu'au bataillon ;

« Que, dans ces conjonctures, ils avoient résolus (*sic*) d'écrire au citoyen Tortel (1), capitaine au bataillon, à qui ils annoncèrent les autres
lettres qu'ils adressoient en même tems, ainsy que les différentes
sommes destinées à des volontaires, et déclinèrent tous les noms, et
que ce fut un officier municipal qui fut chargé de toutes ces dépêches ;

« Qu'étant retournés à Sainte-Menehoud, l'enemi aux prises depuis
deux heures du matin et qui s'étendoit toujours sur sa droite, cano-
noit allors notre gauche qui, portée vis-à-vis Sainte-Menehoud, répon-
doit par un feu terrible d'artillerie (2) ; qu'environ midi, l'enemi qui
longeoit sur sa droite, parvint à s'emparer de la chaussée de Chaalons
à Sainte-Menehoult, à l'embranchement de la route de Rheims, dont
les communications se trouvoient ainsi totalement coupées ; qu'environ à deux heures, le feu de l'artillerie étoit encore aussi terrible
qu'auparavant ; que l'événement leur paroissant incertain, ils se reti-
rèrent à Vitry ; que le même soir, ils firent partir de Saint-Marc (3)
un commissionnaire avec une lettre pour Sainte-Menoux (4), à la

(1) C'est probablement Gilbert-Joseph Tortel, créé chevalier de l'Empire
par lettres patentes du 20 août 1808 et baron par nouvelles lettres du
31 décembre 1809 ; donataire d'une rente de 2000 francs sur le lac de Trasi-
mène par décret impérial du 15 août 1809 ; adjudant-commandant sous-gou-
verneur du Palais de Saint-Cloud ; né à Moulins le 5 août 1747. Il ne laissa
qu'une fille mariée à Mr Preslier.

Ses armes comme chevalier de l'Empire furent réglées comme suit : *d'argent au chêne arraché au naturel, entouré d'un lierre de sinople ; le tout
adextré d'un tiers de gueules en pal, chargé du signe des chevaliers légion-
naires.*

Comme baron de l'Empire il reçut les armoiries suivantes : *Écartelé ; au
1er d'or au chêne terrassé et accolé d'un lierre, le tout de sinople ; au 2e des
barons militaires ; au 3e, d'azur au lion d'argent ; au 4e, d'argent à une tour
crénelée de trois pièces d'azur, fermée, ajourée et maçonnée de sable.*

(Voir l'*Armorial du 1er Empire*, par le Vte A. Révérend. Paris, Champion.)
— Note de M. P. Tiersonnier.

(2) On sait en effet que la bataille de Valmy fut surtout un duel d'artillerie.
Gœthe, qui en fut spectateur, assurait, trente ans plus tard, qu'il n'en pou-
vait d'écrire la violence. L'artillerie française s'y signala particulièrement
et tous, amis et ennemis, la tinrent dès lors pour la première de l'Europe.

(3) Probablement Saint-Mard-sur-Auve ou Saint-Mard-le-Mont, villages
situés dans le canton de Dommartin-sur-Yèvre (département de la Marne,
canton de Sainte-Menehould).

(4) Sainte-Menehould.

dame Deroi, chez qui ils avoient logés ; qu'ayant attendu en vain jusqu'au 21, deux heures du soir, le commissionnaire n'arrivant pas, ils laissèrent un cheval au citoyen Perrotin, l'un d'eux, pour l'attendre et venir les rejoindre après son arrivée ; qu'il ne revint le même jour qu'à neuf heures du soir ; qu'alors le citoyen Perrotin se rendit lui-même à Sainte-Menehoult, où il ne put avoir aucunes nouvelles du bataillon, qu'il alla même à deux lieues parler à la dame Drouet de qui il apprit qu'il ne pouvoit avoir des chevaux pour ramener sa voiture, et il reprit sa route pour revenir rejoindre ses deux collègues. »

Lorsque fut achevée la lecture du rapport des commissaires, le Conseil général de l'Allier décida d'écrire à Dumouriez une lettre où il lui exprimerait « toute la gratitude dont sa bienveillance pour le bataillon pénétrait les citoyens du département », et, au bataillon lui-même, une autre lettre dans laquelle il se féliciterait avec lui « de la cessation des justes alarmes » dans lesquelles le retour « d'une partie de ses volontaires avoit plongé partout les mêmes citoyens et leurs familles », espérant enfin « que ceux des volontaires abusés par une erreur d'un moment, attachés désormais inébranlablement aux devoirs du citoyen-soldat, n'en deviendront que plus fermes et plus invariables dans leur zèle et leur dévouement pour la patrie ». La partie du rapport des trois commissaires, qui relatait l'appréciation de Dumouriez sur la conduite du bataillon devait être imprimée et envoyée aux districts, donnerait ainsi aux habitants les plus reculés du département un rassurant témoignage du civisme de ceux des leurs qui combattaient aux frontières, et, « parvenant jusqu'aux pères de familles, ferait succéder dans leurs âmes la satisfaction et la joye, à la vive douleur que l'arrivée subite et inattendue de quelques-uns des volontaires y avoit fait naître ». Le même extrait imprimé serait délivré au commandant du second bataillon, présent à la séance.

Que devinrent ceux qui furent la cause et l'origine de tant d'émotion ? Appartenant presque tous, — tous, peut-être — au district du Donjon, ils se rendirent dans cette ville aussitôt après leur arrivée inopinée à Moulins, et y reçurent l'ordre de rejoindre leurs drapeaux à Châlons. Le 18 septembre, au nombre de dix, ils repartirent pour le chef-lieu du département, mais six d'entre eux (1) revinrent de nouveau au Donjon, après s'être fait délivrer, par le Directoire du district de Moulins, un certificat leur permettant de demeurer dans

(1) Leurs noms figurent au compte rendu de la 1ʳᵉ séance du 29 septembre. (Arch. de l'Allier, L. 54, fol. 169.)

leurs foyers jusqu'au retour des commissaires envoyés à Châlons. En voyant reparaître ceux qu'il supposait définitivement partis, le Directoire du Donjon se plaignit sans tarder au Département, par lettre du 24 septembre, de l'ingérence du District de Moulins dans une affaire qui ne le regardait point, et, dans sa séance du 29, le Conseil général du département arrêta que les réfractaires rallieraient incontinent leur bataillon. Le même jour, revenaient de Châlons les trois commissaires.

Nos six volontaires partirent sans doute enfin, mais ils arrivèrent à l'armée à la fin des opérations : les Prussiens, démoralisés par la résistance qu'ils venaient d'éprouver, affaiblis par une température humide et froide, décimés par la dyssenterie, harcelés par les paysans, n'étaient pas en état de continuer la guerre ; de son côté, Dumouriez, bien que victorieux, les craignait encore. Par consentement mutuel, on suspendit les hostilités ; Verdun fut remis aux Français le 12 octobre, et, avant la fin du mois, le dernier Prussien avait repassé la frontière.

Pierre FLAMENT.

Moulins. — Imprimerie Et. AUCLAIRE.